Neue Geschichten von

Billy Backenzahn

Aufgeschrieben und gezeichnet von
Karlheinz Groß

Thienemann

Für Ulrike, Benni und Hansjörg

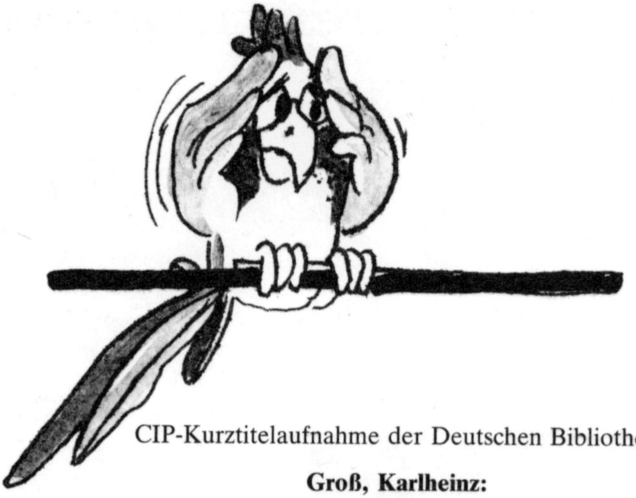

CIP-Kurztitelaufnahme der Deutschen Bibliothek

Groß, Karlheinz:
Neue Geschichten von Billy Backenzahn / aufgeschrieben
u. gezeichnet von Karlheinz Groß. –
Stuttgart; Wien: Thienemann, 1986
ISBN 3 522 16300 1

Gesamtausstattung Karlheinz Groß
in Bietigheim-Bissingen
Schrift Times Antiqua
Satz Uhl + Massopust in Aalen
Reproduktionen Reisacher Repro in Stuttgart und Repro GmbH
in Kornwestheim
Druck Gutmann + Co. in Heilbronn
Bindung Wilhelm Röck in Weinsberg

5 4 3 2 1

Inhalt

Die zerrissene Hose

Heute wurde Herrchen von Frauchen geschimpft, und das kam so:
Nach dem Mittagessen sagt Frauchen: »Kalle, die Sonne scheint so schön, da könnten wir einmal gründlich das Haus saubermachen. Während ich staubsauge, könntest du die Teppiche klopfen, die haben es dringend nötig.«
Herrchen zieht ein Gesicht, ich glaube, er will sich drücken. »Ach Elfi, mir tut mein Arm noch vom gestrigen Tennismatch weh, ich gehe lieber mit Billy spazieren, der hat das auch nötig«, entgegnet er und legt mir das Halsband um.
Ich hüpfe vor Freude in die Luft, lache ein bißchen und sause los.
»Jetzt übertreib nicht, Billy, du tust gerade so, als ob wir seit zwei Wochen nicht mehr spazierengegangen wären«, meint Herrchen und ermahnt mich: »Daß du mir aber ja nicht über die frisch

gepflügten Felder jagst und dich schmutzig machst. Ich habe keine Lust, dich nachher wieder abzuspritzen.«

Es macht großen Spaß, den Feldweg entlang zu rennen und an den kleinen Bäumchen zu schnüffeln. – Raschelt da nicht was? Riecht es hier nicht nach Hase? – Also nichts wie rein ins Unterholz, die Ermahnungen habe ich längst vergessen. Da sehe ich auch schon einen großen Mümmelmann in einer Grasmulde sitzen.

Als er mich entdeckt, dreht er sich blitzschnell um und flitzt davon. Ich natürlich hinterher, mitten über den gepflügten Acker.

Doch der Hase ist schneller als ich, und Herrchen brüllt wie am Spieß: »Billy, hierher! Komm sofort zurück! Willst du wohl hören?«

Da ich ein guterzogener Riesenschnauzer bin, gehorche ich natürlich dem Rufen meines Herrchens, wenn es mir auch schwerfällt.

»Wie du wieder aussiehst, du Ferkel«, schimpft er und ist ganz schön wütend. Trotzdem gehen wir noch ziemlich lange spazieren. Ich muß allerdings an der Leine laufen, was ich gar nicht gerne mag. Auf dem Rückweg kommen wir an einer Wiese vorbei, die mit Stacheldraht eingezäunt ist. »Ich glaube, wir nehmen die Abkürzung über die Wiese«, sagt Herrchen, während er sich anschickt, über den Zaun zu klettern.

Ich springe mit einem großen Satz darüber, doch mein dickes Herrchen bleibt mit seiner braunen Cordhose hängen und – ratsch – ist ein großes Loch drin, genau am Po.
Da wird sich Frauchen aber heute nicht freuen, wenn wir zurückkommen, denke ich. Herrchens Hose ist zerrissen, und ich bin voller Ackererde.
Als wir zu Hause sind und Frauchen die Bescherung sieht, schimpft sie auch ganz schön mit Herrchen: »Jetzt habe ich gerade das Haus sauber gemacht, und da kommt ihr mit total verdreckten Füßen, und du hast auch noch ein großes Loch in der Hose. Billy ist in zehn Minuten wieder sauber, aber für deine Hose brauche ich mindestens eine Stunde! Als Wiedergutmachung könntest du nun doch noch die Teppiche klopfen und außer deinen auch meine Schuhe putzen, sie sind alle staubig.«
Damit läßt sie Herrchen stehen und holt den Schlauch, um mich abzuspritzen und einzuseifen.
Herrchen zieht kleinlaut seine Hose aus, und als er so dasteht in seiner geblümten Unterhose, muß ich doch ein bißchen lachen.

Paulchen

Heute habe ich einiges dazugelernt, und das kam so:

»Billy, wir werden meine Schwester Heidi besuchen«, sagt am Morgen Herrchen zu mir. »Sie hat auch einen Hund, der heißt Paulchen, mit dem kannst du spielen und rumtollen, während wir uns unterhalten.«

Au fein, denke ich, während ich auf dem Rücksitz des Autos Platz nehme.

Nach zwei Stunden Fahrt sind wir am Ziel angelangt. Herrchens Schwester wohnt in einem hübschen Fachwerkhaus am Waldrand und erwartet uns schon auf der Terrasse. Doch wo ist Paulchen?

»Hallo, Heidi, wie geht's?« ruft Herrchen hinauf. »Warum begrüßt Paulchen uns nicht?«

»Na, kommt erst mal in die gute Stube, dann findet ihr ihn«, antwortet sie.

Im Wohnzimmer steht ein riesiger Hundekorb mit

Rüschen, und darin liegt Paulchen, ein mächtiger Bernhardiner. Er hat die Augen geschlossen. Langsam macht er eines davon halb auf und nach kurzer Betrachtung von Herrchen und mir wieder zu.

»Paulchen ist der faulste Hund, den ich kenne. Er steht eigentlich nur zum Fressen auf, und länger als fünf Minuten mag er auch nicht spazierengehen. Dann legt er sich gleich wieder in seinen Korb und döst weiter«, erklärt uns Heidi. »Heute werde ich ihm aber Beine machen, er soll Billy die Gegend zeigen!« Dabei zieht sie Paulchen am Halsband hoch und schleppt ihn vor die Haustür.

Ich trabe hinterher. »Komm, Paulchen, zeig mir doch dein Revier«, bettle ich. Wortlos trottet er mit mir den Weg am Waldrand entlang. Er mag nicht einmal schnüffeln, immerzu jammert er mir nur vor, wie anstrengend das Spazierengehen sei und daß er unendlichen Hunger habe.

Nach kurzer Zeit erreichen wir einen Rastplatz mit übervollen Abfallkörben. Überrascht stelle ich fest, daß sich Paulchens muffelige Miene plötzlich aufhellt. Er hat zwei weggeworfene Salamibrötchen entdeckt, die er im Nu verschlingt.

»Nun müssen wir aber wieder nach Hause, damit ich in meinen Korb komme«, meint er anschließend. Da wird es mir zu dumm.
»Sag mal, Paulchen«, brumme ich ihn an, »für was bist du eigentlich nütze? Du bist kein Wachhund wie ich, du bist kein Hütehund für die Schafe, kein Jagdhund und kein Schoßhund. Was bist du eigentlich für eine Hundeart?«
Da streckt Paulchen plötzlich die Brust raus und

sagt: »Ich bin ein Rettungshund, der verschüttete Menschen aus Schneelawinen ausgräbt und rettet.« Und er erzählt mir von seinen Artgenossen aus den Bergen, die mit einem Schnapsfäßchen um den Hals verunglückte Menschen aus den Schneemassen befreien und ihnen etwas zu trinken geben, damit sie nicht erfrieren, und daß solche Hunde in den Bergen sehr, sehr wichtig seien.

Wenn ich mir Paulchen als Rettungshund vorstelle, sehe ich ihn mit einem riesigen Proviantbeutel voller Kalbsknochen, Hundekuchen und Dauerwürsten um den Hals als Wegzehrung für sich, und hinter sich her zieht er einen riesigen Hundekorb mit Rüschen, damit er ab und zu ein Schläfchen machen kann.

Bei der Vorstellung muß ich schon wieder lachen. Ich bin froh, daß Paulchen nicht in den Bergen wohnt.

Der Hundezwinger

Heute habe ich einen schönen Schrecken gekriegt, und das kam so:
Herrchen sagt zu mir: »Billy, du machst mir in letzter Zeit zu viel Quatsch im Garten. Wo man hinschaut Löcher und Erdhügel, zertrampelte Blumen und herausgerissene Pflanzen. Dieses ewige Knochenverbuddeln und Mäusejagen macht aus unserem Rasen eine Mondlandschaft. Deshalb werde ich für dich einen Hundezwinger hinter dem Haus bauen. Du kommst jeden Tag für vier bis fünf Stunden hinein, da bist du an der frischen Luft und kannst nichts anstellen. Sollte es regnen oder schneien, so hast du eine Hundehütte, in die du kriechen kannst und geschützt bist.«
Ich denke, mich trifft der Schlag! Ich soll eingesperrt werden und darf nicht mehr den ganzen Tag in unserem Garten spielen?

Sehr traurig schleiche ich auf meinen Platz unter der Treppe, während Herrchen losfährt, um Pfosten, Zement und Farbe zu holen. Nach einer Stunde kommt er vollbepackt zurück.
Er gräbt Löcher, füllt sie mit Zement und setzt Metallpfosten ein.

»Es dauert nun eine Weile, bis der Zement trokken ist«, erklärt er mir schließlich und betrachtet sein Werk. »Komm, Billy, wir fahren inzwischen

in den Heimwerkermarkt. Ich muß noch Maschendraht kaufen.«
Schlecht gelaunt springe ich auf meinen Platz im Auto. Ich verstehe die Welt und vor allem mein Herrchen nicht mehr. Das kann doch nicht sein Ernst sein, daß er mich einsperren will!
Als wir bei der Firma Hämmerle Heimwerker- und Gartenbedarf angelangt sind, verabschiedet sich Herrchen mit den Worten: »Ich bin gleich wieder da, mach nicht so ein miesepetriges Gesicht, alter Junge.«
Ich warte also, doch nach 20 Minuten ist Herrchen immer noch nicht zurück. Es dauert und dauert und dauert.
Endlich kommt er und schleppt eine Rolle Maschendraht auf der Schulter. Doch was macht er für ein Gesicht? Gar nicht mehr so gutgelaunt wie vorher, sondern bedrückt sieht er aus und ziemlich blaß um die Nasenspitze.
Wortlos packt er den Draht ein und fährt los.
Nach einer Weile murmelt er: »Ein Zwinger ist eigentlich Unsinn.«

Nanu, was höre ich da? Interessiert stelle ich meine Ohren auf.
Herrchen fährt fort: »Weißt du, Billy, der Maschendraht ist so schwer, und deshalb bin ich mit dem Fahrstuhl gefahren. Zwischen dem zweiten und dem ersten Stock ist der dann steckengeblieben. Das fand ich nicht sehr lustig, als ich da eingesperrt war. Ich glaube, ich baue keinen Hundezwinger, sondern lieber ein Hühnergehege. Dann haben Frauchen und ich jeden Tag frische Eier zum Frühstück.«
Als ich das höre, bin ich sehr glücklich und lache vor lauter Freude. Dafür werde ich ab jetzt nicht mehr so wild im Garten graben.

Francine

Heute ging es mir besonders gut, und das kam so: Frauchen hat für einen Monat ein Mädchen aus Frankreich, das ihr im Haushalt hilft. Das Mädchen heißt Francine und ist sehr nett, vor allem zu mir.
Heute morgen ruft mich Herrchen und sagt mit erhobenem Zeigefinger: »Billy Backenzahn, Frauchen und ich müssen für einen Tag nach Frankfurt fahren, und du kannst nicht mit, weil wir mit dem Zug reisen.«
Das gefällt mir aber gar nicht! Flehend schaue ich Herrchen an und gebe Pfötchen.
»Billy, es geht wirklich nicht! Du mußt außerdem auf das Haus und auf Francine aufpassen!« Er nimmt seinen Aktenkoffer, Frauchen ihre Umhängetasche, und kurz darauf sind sie auch schon fort.

Betrübt schleiche ich auf meinen Platz unter der Treppe.
Doch kurze Zeit später kommt Francine und tröstet mich: »Sei nicht traurig, Billy, sie kommen doch heute abend wieder. Wir zwei machen uns einen schönen Tag. Komm, wir spielen mit dem Ball im Garten.«
Gar nicht schlecht, denke ich, und trotte ihr nach. Das Spiel gefällt mir sehr gut, und anschließend wandern wir auf einem langen Spaziergang über die Wiesen.
Hinterher bürstet sie mich und krault mich am Ohr, wie ich es besonders gerne mag. Ich bekomme zwei Hundekuchen und mache mein Mittagsschläfchen unter der Treppe.
Am Nachmittag holt Francine nochmals Halsband und Leine, und wir gehen zum Fluß, wo ich immer so gerne die Enten erschrecke. Das macht richtig Laune, dieses Schnattervolk ins Wasser zu jagen! Der Nachmittag vergeht wie im Flug. Zu Hause füllt Francine meinen Futternapf mit Hundeflokken und gießt Milch darüber. Ein hartgekochtes

Ei bekomme ich als Zugabe oben drauf. Wie das schmeckt! Lecker! Himmlisch!

Als mein Napf leer ist, gehen wir in den Garten, um auf Herrchen und Frauchen zu warten. Kurze Zeit später biegen sie auch schon um die Ecke. Ich renne zum Zaun und begrüße sie stürmisch. Darüber ist Herrchen so erfreut, daß er schnell ins Haus läuft – und was sehe ich? . . . Er füllt meinen Futternapf bis zum Rand, da er weiß, wie sehr ich

mich jeden Abend auf mein Fressen freue.
»Und zur Belohnung, weil du so brav warst, wie Francine mir bestätigt hat, lege ich noch einen Hundekuchen dazu«, lobt mich Herrchen.
Oh Mann, wenn der wüßte, daß Francine mich schon gefüttert hat!
Aber die sagt nichts, legt nur ihren Finger auf den Mund und zwinkert mir zu.

Vor Freude über diese Extraration muß ich schon wieder ein bißchen lachen.
Hoffentlich fahren Herrchen und Frauchen nächste Woche wieder nach Frankfurt!

Versprochen ist versprochen

Heute habe ich eine tolle Nacht erlebt, und das kam so:

Herrchen sagt zu Frauchen und mir: »Was haltet ihr davon, wenn wir einen Ausflug machen und unser Zelt mitnehmen? Das Zelt ist groß genug, daß Billy mit uns darin übernachten kann. Wir nehmen den Gaskocher, die Klappstühle, die Luftmatratzen und die Schlafsäcke mit und leben wie die Indianer.«

Als ob die Indianer Luftmatratzen und Gaskocher gehabt hätten! Herrchen lädt alle Sachen ins Auto, während Frauchen für unser leibliches Wohl sorgt und Speisen und Getränke einpackt. Ich laufe ungeduldig von einem zum anderen, und endlich geht's los.

Juhuu, ich freue mich sehr, weil ich bei Herrchen und Frauchen im Zelt schlafen darf! Wir fahren am Brummelsee und der Ruine Knurpsenstein vorbei und sind nach weiteren 25 Kilometern im Mömpeltal.

Hier gibt es wunderschöne, saftige Wiesen mit Kühen und Pferden. Auch ein kleiner Bach fließt durch das Tal.

»Kalle, ist das nicht idyllisch?« fragt Frauchen und schaut sich entzückt um. »Hier bleiben wir und schlagen unser Zelt am Bach auf.«

Herrchen fängt an, die Zeltstangen zusammenzustecken und schlüpft damit unter die Zeltplane. Das sieht sehr lustig aus – als ob mein Herrchen in einem großen blauen Sack herumkrabbelte.

Man hört ihn stöhnen und schimpfen, es scheint nicht so leicht zu sein, wie es aussieht. Schließlich hilft ihm Frauchen, und die Stangen stehen aufrecht. Er kriecht heraus, spannt die Schnüre und schlägt lange Nägel, die man Heringe nennt, in den Boden. Wie der schwitzen muß!

Endlich ist Herrchen fertig! Mit rotem Kopf sitzt er auf dem Boden, und unser Zelt steht ziemlich windschief da. Nun pumpt er noch die Luftmatratzen auf, während Frauchen anfängt, das Abendessen zu kochen.
Hmmm, duftet das gut!
Bald gibt es Essen, auch für mich.
Danach sitzen wir noch gemütlich vor dem Zelt, und plötzlich sagt Herrchen: »Eigentlich kann Billy ja im Freien schlafen und uns bewachen.«
Da wird Frauchen fast ein bißchen böse und entgegnet: »Kalle, du hattest Billy doch versprochen, daß er bei uns im Zelt schlafen darf!«
»Ach Elfi, die Nacht ist so warm, da fühlt er sich im Freien bestimmt wohler«, erwidert Herrchen.
Er bindet mich an einer Zeltstange fest, danach krabbeln beide in ihre Schlafsäcke auf den Luftmatratzen, während ich es mir vor dem Zelt bequem mache.
Nach zehn Minuten beginnt Herrchen so laut zu schnarchen, daß Frauchen ihn in die Nase zwicken muß, damit er aufhört. Ich will auch gerade

eindösen, da höre ich etwas rascheln. Was ist das? Ein Fuchs? Den muß ich verjagen, damit er Herrchen und Frauchen nicht stört! Wütend renne ich los, aber . . . oh Schreck! Ich bin ja an der Zeltstange angebunden!

Und da ist es auch schon passiert! Das Zelt ist über Herrchen und Frauchen zusammengefallen. Herrchen schimpft und flucht, während Frauchen lachend aus dem Zelt krabbelt.

»Siehst du, Kalle, hättest du Billy bei uns im Zelt schlafen lassen, wäre das nicht passiert.«
»Meinetwegen, ihr Plagegeister«, brummt Herrchen, während er das Zelt wieder aufbaut. »Aber wenn Billy im Zelt schnarcht, fliegt er raus!«
Als Frauchen und ich das hören, müssen wir beide lachen.

Es war eine tolle Nacht im Zelt zwischen Frauchen und meinem schnarchenden Herrchen.

Der kleine Boxerhund

Heute war wieder ein aufregender Tag, und das kam so:
Morgens nach dem Frühstück liest mein Herrchen immer die Tageszeitung, während Frauchen den Tisch abräumt und mir danach einen Hundekuchen gibt. Ich liege gerade auf meinem Platz unter der Treppe und knabbere genüßlich an dem Kuchen, da höre ich Herrchen hinter der Zeitung hervor rufen:
»Mensch, Elfi, heute hat der Popsi-Markt ein Inserat mit tollen Sonderangeboten in der Zeitung, die sollten wir uns nicht entgehen lassen!«
Frauchen kommt aus der Küche, nickt zustimmend und sagt: »Billy darf heute mal mit zum Einkaufen!«
»Meinetwegen«, brummt Herrchen. Frauchen holt die Leine vom Haken in der Garderobe und Herrchen die große Einkaufstasche.

Nach einer viertelstündigen Autofahrt kommen wir am Popsi-Supermarkt an. Viele Autos stehen auf dem Parkplatz und noch mehr Leute sind an den Verkaufsständen zu sehen, die vor dem großen Haus aufgebaut sind. Da gibt es einen Lastwagen mit Bananen und Apfelsinen, einen Kombi mit Waschpulver und viele Marktstände mit Butter und Käse, Blumen und Topfpflanzen, Brot und Kuchen, Dosen und Flaschen.
Herrchen interessiert sich natürlich für das Konserven-Sonderangebot und das Weinsortiment. »Schau mal, wie hübsch sie das aufgebaut haben«, sagt Frauchen, als wir vor einem Turm aus lauter Bohnen-, Erbsen- und Möhrendosen stehen.
»Halt ja Billys Leine gut fest«, mahnt Herrchen, »damit er mit seiner neugierigen Schnüffelnase nicht den Konserventurm umschmeißt! Am besten, wir binden ihn dort an der Fahnenstange fest, wo der kleine Boxerhund sitzt. Ich kaufe schnell sechs Dosen Erbsen, dreimal Bohnen und zwei Büchsen Möhren. Die Tragetüte kann Billy dann bewachen, solange wir im Supermarkt ein-

kaufen; wir brauchen noch Hundekuchen und Milch. Wenn Billy schön brav ist, kann er einen Kuchen haben, wenn wir zurückkommen.«
Gesagt – getan. Ich werde von Frauchen zu dem jungen Boxer gebracht und festgebunden, während Herrchen die Gemüsedosen kauft. Danach verschwinden die beiden im Supermarkt.
Neben mir höre ich es schniefen und schluchzen: »Wo bloß mein Frauchen bleibt? Hoffentlich hat sie mich nicht vergessen!« Der kleine Boxer heult wirklich herzzerreißend.

Ich stupse ihn an: »Halb so schlimm, sie wird gleich kommen.« Und dann erzähle ich ihm eine Geschichte von meiner letzten Mäusejagd, die er so spannend findet, daß er gebannt zuhört und nicht mehr traurig ist. So vergeht die Zeit wie im Flug.

Dann kommen auch schon Herrchen und Frauchen mit einem vollbepackten Korbwagen, und hinter ihnen sehe ich eine junge Frau mit einem roten Hütchen. Sie bindet den jungen Boxerhund los, der sich riesig freut und immer wieder an ihr hochspringt.

Ich bekomme von Herrchen den versprochenen Hundekuchen, aber ich finde, der kleine Boxer braucht viel eher eine Belohnung als ich, und deshalb lasse ich heimlich meinen Hundekuchen fallen und marschiere hinter meinem Herrchen her. Als ich sehe, wie der junge Hund sich erfreut auf mein Geschenk stürzt und mir zum Dank zuzwinkert, muß ich schon wieder ein bißchen lachen. Beim nächsten Mal wird er bestimmt keine Angst mehr haben!

Doris

Heute wollte mich jemand verwöhnen, und das kam so:

Früh am Morgen sagt Frauchen zu mir: »Aufstehen, alter Junge, wir fahren nach München, und du darfst mit!«

Obwohl ich noch nicht richtig ausgeschlafen bin, komme ich gerne von meinem Platz unter der Treppe hervor, während Herrchen stöhnend eine große Reisetasche anschleppt: »Elfi, ich glaube, du hast keinen Schlafanzug, sondern eine Ritterrüstung für mich eingepackt.«

»Nun übertreib nicht«, lacht Frauchen, »wenn man ein paar Tage verreist, braucht man so manches, und saubere Wäsche zum Wechseln ist notwendig.«

Die Fahrt nach München dauert zweieinhalb Stunden und ist für mich ziemlich langweilig. Immer auf der Autobahn, dieser Krach von den

großen Lastwagen, daß man nicht einmal ein Schläfchen machen kann, und wenn ich mir etwas Bewegung verschaffe, schimpft Herrchen gleich mit mir. Endlich sind wir da.
Herrchen klingelt an der Haustür eines Bungalows. Sofort wird die Tür aufgerissen und Doris stürmt heraus. Sie kennt mich noch nicht, aber sie ist sehr nett. »Mensch, ist das Billy? Der ist aber süß, den muß ich gleich streicheln.« Sie krault mich am Ohr und knuddelt meinen Rücken.
Da kommen auch schon Jochen und Christel, die Eltern von Doris, und begrüßen Herrchen und Frauchen und natürlich auch mich. »Fein, daß ihr da seid, dann können wir ja gleich losfahren«, sagt Jochen und zieht seinen Mantel an.
»Billy, wir haben einen geschäftlichen Termin in der Innenstadt, da kannst du nicht mit«, belehrt mich Herrchen, weil ich auch zur Tür hinaus will. »Du bleibst bei Doris und paßt gut auf sie auf!« Und weg sind sie alle miteinander, während ich ihnen verdutzt hinterherschaue.
Doris nimmt mich mit ins Wohnzimmer, krault

mich wieder und gibt mir einen Schokoladenkeks. Hmmm, schmeckt der lecker! Nur gut, daß Herrchen das nicht sieht, sonst würde er schimpfen, weil ich nichts Süßes bekommen soll. Er sagt, es sei ungesund für mich.
Da . . . drrr, drrr . . . klingelt es. Doris schaut mich an und geht vorsichtig zur Haustür. Sie öffnet sie nur so weit, wie die Sicherheitskette es erlaubt. Draußen ist es schon duster. Nur ein dickes gelbes Gesicht ist durch den Türspalt zu erkennen. Doris erschrickt und stößt einen lauten Schrei aus.

Wütend renne ich aus dem Wohnzimmer und verbelle den ungebetenen Besucher. Doris braucht keine Angst zu haben, ich werde sie gut bewachen! Doch halt, da höre ich draußen eine kleinlaute Stimme, die sagt: »Doris, ich bin's doch, der Seppl, dein Freund. Ich möchte dir meinen neuen Lampion zeigen und mit dir Laterne laufen gehen.«

Da muß Doris lachen, öffnet die Tür und läßt den verdatterten Seppl ins Haus.

Als die Erwachsenen zurückkommen, erzählt Doris die Geschichte von dem großen gelben Mondgesicht. Und weil ich so gut auf Doris aufgepaßt habe, bekomme ich als Belohnung eine Original Münchner Weißwurst von Vater Jochen. Die schmeckt noch viel besser als der Schokoladenkeks, so daß ich vor Freude lachen muß.

Beim Fotografen

Heute war Herrchen ganz schön albern, und das kam so: Er hatte, wie er meinte, eine tolle Idee.

»Billy Backenzahn«, sagt er mit ernster Miene zu mir, »du wirst fotografiert, und zwar möchte ich ein Bild haben, auf dem du lachst. Meine Freunde Arno in Hamburg und Evgeni in Berlin glauben nicht, daß du ein Lachhund bist.«

Er bürstet und kämmt mich, dann holt er Leine und Halsband vom Haken und wir verlassen das Haus.

»Heute gehen wir zu Fuß, damit deine Muskeln geschmeidig bleiben und du einen lockeren Eindruck vor der Kamera des Fotografen machst«, erklärt er mir.

Nachdem wir die Allee erreicht haben, sind es nur noch hundert Meter zu Herrn Knipsle, dem Fotografen.

Ich finde das Ganze doof und mache ein mißmutiges Gesicht, als Herr Knipsle mich auffordert, auf einem roten Würfel Platz zu nehmen.
Und nun passieren Dinge, über die ich mich sehr wundern muß.

Mein Herrchen stellt sich hinter den Fotografen und dessen Kamera und fängt an, Grimassen zu schneiden. Er meint wohl, das sei lustig und ich müsse darüber lachen. Er schielt, steckt die Finger

in die Ohren und kneift die Augen zu, danach bläst er die Backen auf und macht mit den Fingern Hasen-Öhrchen.
Ich finde das Ganze höchst albern und gucke gelangweilt zur Decke.
»Mensch, Billy, lach doch mal«, ruft Herrchen und hüpft wie ein fettes Rumpelstilzchen auf einem Bein im Kreis herum.

Herr Knipsle schaut ihm etwas verwundert zu:

»Kalle, ich glaube, dein Hund kann gar nicht lachen.«
Herrchen bleibt enttäuscht stehen und sagt schwitzend: »Da kann man wohl nichts machen, der Bursche foppt mich!« Er nimmt mich an die Leine und verläßt den Laden von Meister Knipsle, ohne auf Wiedersehen zu sagen.
Zu Hause erzählt er alles Frauchen und legt sich danach mürrisch auf die Couch.
Frauchen kommt zu mir und sagt: »Billy, wie wär's jetzt mit dem Kalbsknochen von heute mittag?« Dabei hält sie eine Hand hinter ihrem Rücken versteckt.
Hmmm, ein saftiger, leckerer Kalbsknochen – das wäre jetzt genau das Richtige für mich! Bei dem Gedanken daran muß ich voller Vorfreude lachen – und blitz... klick! hat Frauchen geknipst. Sie hatte keinen Knochen, sondern einen Fotoapparat in ihrer Hand.
Den Knochen bekomme ich aber auch noch – und Arno und Evgeni nächste Woche ein Foto vom lachenden Billy Backenzahn.

Maximilian

Heute hat Herrchen sich Ärger eingehandelt, und das kam so:
Herrchens Freund Achim ruft an und fragt ihn: »Kalle, kannst du für zwei Tage meinen Papagei Maximilian in Pflege nehmen? Ich muß meine kranke Mutter im Schwarzwald besuchen und kann den Vogel nicht mitnehmen.«
Herrchen willigt ein und erklärt mir, als das Telefongespräch beendet ist: »Billy, wir bekommen ein Tier als Untermieter, das sprechen kann. Da staunst du, was? Reden ist noch viel toller als Lachen! Komm, wir holen Maximilian.«
Achim wohnt im 14. Stockwerk eines Hochhauses am Rande der Stadt. Als wir angekommen sind, muß ich wieder einmal auf der Rückbank im Auto warten, bis Herrchen endlich mit dem Vogelbauer und Maximilian darin zurückkommt. Er stellt den

Käfig vorsichtig auf den Vordersitz und ermahnt mich, nicht zu bellen, damit der Papagei keinen Schrecken bekommt.
»Maximilian braucht frische Luft«, erklärt er, während er das Seitenfenster ein wenig herunterkurbelt.
Auf mich nimmt er nie so viel Rücksicht, denke ich ein wenig beleidigt, als er losfährt.
An der nächsten Ampel muß Herrchen halten, weil sie rot zeigt. Ein dicker Mann will gerade die Straße überqueren, da ertönt es laut und deutlich aus dem Vogelkäfig: »Schafskopf! Schafskopf! Schafskopf!« Der dicke Mann dreht sich wütend um und fragt Herrchen drohend: »Meinen Sie etwa mich, Sie unverschämter Kerl?«
Mit rotem Kopf fährt Herrchen weiter und ist froh, als wir endlich zu Hause anlangen. Da steht die Briefträgerin, Frau Blümel, mit einem Einschreiben, das Herrchen quittieren soll. »Dumme Pute! Dumme Pute! Dumme Pute!« plärrt es aus dem Auto. Herrchen versucht, Frau Blümel zu erklären, daß das Maximilian, der Papagei von

seinem Freund Achim, sei, den er in Pflege genommen habe. Aber die erboste Briefträgerin hört dies schon nicht mehr, weil sie mit ihrem Fahrrad davongeradelt ist.

Herrchen trägt das Vogelbauer vorsichtig ins Haus und stellt es auf ein Tischchen beim Fenster. Aber schon geht's wieder los: »Fettkloß! Fettkloß! Fettkloß!«

Nun reicht es ihm. Er nimmt ein dunkles Tuch und

deckt es über den Käfig, damit Maximilian glauben soll, es sei Nacht und er müsse schlafen. »Halt endlich den Schnabel«, schimpft er dabei.
Dann krault er mich hinter den Ohren: »Lieber ein Lach-Wachhund als so ein freches Papageienvieh!« versichert er mir.
Das höre ich natürlich gerne und fange auch gleich an zu lachen.

Das Spaghetti-Essen

Heute wurde ich ungerecht behandelt, und das kam so:
Herrchen sagt zu Frauchen: »Elfi, ich habe große Lust auf Spaghetti. Wollen wir nicht ins italienische Lokal zu Antonio gehen? Der macht die besten! Und Billy darf mit, weil er so brav ist.«
Na ja, sooo gerne gehe ich nicht mit in ein Gasthaus, da muß ich nämlich immer still unter dem Tisch liegen und darf nicht im Lokal rumschnüffeln, obwohl es dort so gut nach Essen riecht.
Wir fahren mit dem Auto zum Restaurant vom dicken Antonio, der gerade in der Tür steht und Herrchen und Frauchen überschwenglich begrüßt: »Ah, Signore Kalle und Signora Elfi. Sie kommen bestimmt zum Spaghettiessen. Antonios Spaghetti sind die besten in der ganzen Gegend –

und mein Salat! Hmm – frisch und knackig, bellissima!« Dabei schnalzt er genüßlich mit der Zunge.
Herrchen und Frauchen wählen einen Tisch in der Ecke, wo ich genügend Platz habe. Aber es ist gar nicht gemütlich oder aufregend, unter einem Tisch zu liegen. Antonio bringt Rotwein für Herrchen und einen Apfelsaft für Frauchen. Dann nimmt er die Bestellung auf. Und da passiert es! Er macht einen Schritt zur Seite und tritt mit seinem großen Fuß auf meine rechte Vorderpfote! Autsch! Tut das weh! – Ich schrecke hoch und

stoße mit dem Kopf von unten gegen den Tisch. Der wackelt und kippelt und pardauz – fällt Herrchens Rotweinglas um. Das ganze Tischtuch ist verkleckert, sogar Herrchens frischgewaschene Cordhose bekommt etwas ab.
Er ist natürlich ganz schön ärgerlich und schimpft wie ein Rohrspatz: »Billy Backenzahn, kann man dich denn nirgendwohin mitnehmen? Zur Strafe bringe ich dich jetzt ins Auto.« Er nimmt die Leine und zieht mich aus dem Restaurant.
Auf dem Parkplatz setzt er mich ins Auto: »So, jetzt wartest du hier, bis wir unsere Spaghetti gegessen haben!«
Ich bin ziemlich beleidigt, als Herrchen wieder in Antonios Lokal zurückgeht. Mit Absicht habe ich doch das Weinglas nicht umgeworfen!
Doch wenig später steht Herrchen wieder vor dem Wagen – mit einem großen Stück Salami in der Hand. Er öffnet die Autotür und sagt zerknirscht: »Entschuldige, alter Junge! Antonio hat mir gerade gestanden, daß er versehentlich auf deine Pfote getreten ist. Hier die Salami ist von ihm, und

du sollst wieder mit ins Restaurant kommen. Die Tischdecke wird in die Reinigung gegeben, Antonio spendiert mir ein neues Glas Wein und die Flecken in meiner Hose sind halb so schlimm!«

Die Salami schmeckt so lecker, daß ich mir überlege, ob ich mich nicht noch einmal von Antonio treten lasse – und dabei muß ich schon wieder ein bißchen lachen.

Die Hundeausstellung

Heute habe ich einige eitle Menschen kennengelernt, und das kam so:
Seit Tagen schon bürstet mich Herrchen länger als normal. Er striegelt und kämmt mich von hinten und von vorn und murmelt immer etwas von »wir beide müssen groß rauskommen«. Am vierten Tag endlich rückt er mit seinem Geheimnis heraus: Er hat mich zu einer Hundeausstellung angemeldet und will, daß ich einen Schönheitspreis bei den Riesenschnauzern gewinne, möglichst einen Pokal!
Früh am Sonntagmorgen fahren wir nach Ludwigsburg zum Ausstellungsgelände. Es herrscht schon ein ganz schönes Gedränge, und es wimmelt von Hunden: große, kleine, dicke, dünne, langhaarige, kurzhaarige – und natürlich auch Riesenschnauzer.
Wir Hunde freuen uns, als wir uns sehen, und

begrüßen uns mit lautem Gebell. »Alle Riesenschnauzer treffen sich an Ring drei«, ruft eine Lautsprecherstimme.
Herrchen ist so aufgeregt, daß er gleich wieder anfängt, mich zu bürsten und zu kämmen.

Eine rothaarige Frau sagt mit eingebildeter Miene »Mein Arco ist der Schönste, weil er einen so prächtigen Bart hat!«
Da entgegnet ein Mann mit Baskenmütze: »Nein,

mein Micha hat ein viel glänzenderes Fell, er wird bestimmt gewinnen!«
»Niemals«, ruft ein junger Mann mit Schnurrbart, »mein Pascha hat einen so eleganten Gang, daß er den ersten Preis bekommt!«

»Meiner ist nicht nur der größte Rüde mit schönem Bart, glänzendem Fell und elegantem Gang, er kann auch noch lachen. Das ist etwas ganz

Besonderes!« schaltet mein Herrchen sich in das Streitgespräch ein.
Ich werde ganz verlegen bei so viel Lob. Aber die anderen Hundebesitzer haben ihn gar nicht gehört, sie streiten und streiten, während wir Riesenschnauzer uns friedlich beschnuppern oder in der Sonne dösen.
Gelangweilt schauen wir zu, wie sich unsere Herrchen und Frauchen immer mehr ereifern.
»Meiner hat ein tolles Gebiß.« – »Meiner schöne dunkle Augen.« – »Meiner große Pfoten.« – »Meiner die längsten Augenbrauen« ... So geht es hin und her, jeder will den anderen übertrumpfen.
Uns Hunde interessiert diese Diskussion überhaupt nicht, wir blinzeln uns nur gelangweilt zu.
Einige Besucher der Ausstellung bleiben verwundert stehen, manche von ihnen mischen sich in die Auseinandersetzung ein. Bald sieht man nur noch Menschen, die schreien und gestikulieren. Einige haben schon ganz rote Köpfe, andere drohen einander sogar mit der Faust.

Mir ist es egal, ob ich der Schönste bin. Für mich ist die Hauptsache, ich kann viel rumtollen, Quatsch machen, spazierengehen, bekomme gutes Fressen und kann gemütlich unter der Treppe auf meinem Platz schlafen.
Ach so, ja, ich habe auf der Ausstellung den zweiten Preis gewonnen. Als Herrchen dafür einen mickrigen Pokal bekommt und ihn stolz

entgegennimmt, muß ich ein bißchen über ihn lachen.

Das T-Shirt

Heute wollte Herrchen ein Porträt von mir, und das kam so:

Herrchen arbeitet als Grafiker zu Hause, und manchmal hilft ihm ein junges Mädchen. Alle nennen sie Ulli, obwohl sie in Wirklichkeit Ulrike heißt. Sie ist sehr lustig, trägt meistens einen kleinen Zopf oder einen Pferdeschwanz und liebt die Farbe weiß ganz besonders. Deshalb hat sie oft weiße Schuhe an, weiße Jeans und ein weißes T-Shirt.

Seit zwei Wochen besitzt sie auch ein kleines weißes Auto. Wenn sie zum Arbeiten zu uns kommt, hupt sie, damit ich weiß, jetzt kommt Ulli. Dann renne ich schnell ans Gartentor und begrüße sie, denn sie hat immer irgend etwas für mich dabei – einen Hundekuchen, ein Stück Leberwurstbrot oder manchmal sogar einen Kalbsknochen. Auch heute war es wieder so.

»Tuut, tuut«, höre ich das kleine weiße Auto schon von weitem und sause los. Ulli fährt vor, steigt aus und was hält sie mir hin? Eine halbe Bockwurst!

Schnapp – schon ist sie gegessen, hmmm, die war lecker. Aus Freude und Dankbarkeit springe ich an Ulli hoch und denke nicht mehr daran, daß ich gerade eben unter der Hecke nach einer Maus gegraben habe. Meine Pfoten sind schmutzig und hinterlassen auf dem blütenweißen T-Shirt häßliche Spuren.

»Billy Backenzahn, kannst du dich nicht benehmen?« schimpft mein Herrchen. »Schau nur, was du angerichtet hast, du Ferkel!«
Ulli lacht: »Aber Kalle, das macht doch nichts, das T-Shirt kann man ja waschen!«
Sie setzt sich an ihren Arbeitstisch und beginnt zu malen. Sie hilft Herrchen, Bilder mit Farbe zu kolorieren und macht das ganz toll. Ich setze mich zu ihr, weil sie meine Freundin ist, und schaue zu.
Nach einer Weile sagt sie zu mir: »Billy Backenzahn, ich hab eine Idee!« Sie zieht das verschmutzte T-Shirt aus. »Jetzt kommt eine Überraschung, Billy, guck mal 'ne Weile weg!«
Dann zeichnet und malt sie, föhnt die Farben trocken, nimmt einen anderen Pinsel, dann einen Filzstift, steht auf und betrachtet kritisch, was da entstanden ist, nimmt wieder den Föhn und sagt dann: »So, jetzt bin ich fertig, Billy. Mach die Augen auf!«
Neugierig reiße ich die Augen auf, aber was ist das? Ulli hat ihr T-Shirt wieder angezogen und es ist kein bißchen Schmutz mehr drauf zu sehen,

sondern ein lachender Billy-Backenzahn-Kopf! Ich gefalle mir sehr gut und wedele deshalb freudig mit meinem Stummelschwanz.
Da kommt Herrchen zur Tür herein und sieht Ullis Kunstwerk. »Klasse, Ulli«, sagt er, »du hast Billy ja prima getroffen. Diese Ähnlichkeit!« Nach einer Weile fragt er verlegen: »Ich hab auch so ein weißes T-Shirt, Ulli, ob du mir auch einen Lachhund darauf malen könntest?«
Ulli nickt und zwinkert mir zu, während Herrchen die Treppe hochsteigt, um sein Hemd zu holen. Bei dem Gedanken, daß Herrchen über seinem dicken Bauch ein Billy-Backenzahn-Porträt tragen will, muß ich schon wieder ein bißchen lachen.

Der Krebs

Heute hat Herrchen ein unfreiwilliges Tänzchen aufgeführt, und das kam so:

Herrchen, Frauchen und ich sind für einige Tage an die Nordsee gefahren – um auszuspannen und Sauerstoff zu tanken, wie Herrchen sich ausdrückt. Es ist auch wirklich riesig an der See. Wir wohnen in einem gemütlichen Gasthaus an der Strandpromenade, die Sonne scheint und man kann lange Spaziergänge machen.

Heute morgen sagt Herrchen zu Frauchen: »Elfi, das Licht ist gerade so gut, ich möchte einige Möwen und Krebse fotografieren. Kommst du mit?«

»Ach, laß mich mal hier, Kalle, ich lege mich in den Liegestuhl auf den Balkon und lese ein bißchen«, antwortet Frauchen. »Nimm lieber Billy Backenzahn mit, der freut sich schon drauf.«

Herrchen legt mir das Halsband um, holt seinen Fotoapparat aus dem Kleiderschrank, setzt den Sonnenhut auf und los geht's! Wir brauchen nur die Uferstraße zu überqueren und schon sind wir auf dem herrlichen Sand. Juhuu, das ist klasse! Am Strand rumzuschnüffeln, ab und zu einen anderen Hund zu treffen und mit ihm um die Wette zu laufen.

»Komm, Billy, wir machen ein Wettrennen«, ruft Herrchen und läuft los. Natürlich bin ich viel schneller und habe ihn bald überholt.

»Halt, warte auf mich, Billy Backenzahn«, schnauft Herrchen, »ein alter Mann ist doch kein D-Zug!«
Nach Luft japsend bleibt er stehen. Er nimmt seinen Fotoapparat und knipst ein Bild von mir, dann entdeckt er einen Schwarm Möwen, der kreischend über uns fliegt. Klick, die nächste Aufnahme ist im Kasten. Nun schleicht sich Herrchen langsam an andere Möwen heran, die im Sand nach Muscheln suchen. Er ist selig über die vielen schönen Vogelmotive und fotografiert wie ein Wilder.

»Billy, jag mal die Möwen dort auf der Sandbank hoch. Ich möchte das knipsen, wie sie gerade auffliegen. Los, sei kein Frosch, das Wasser ist nicht kalt!«
Ich habe aber heute gar keine Lust, Möwen zu jagen, ich möchte viel lieber im Sand rumschnüffeln. Hier riecht's überall nach anderen Hunden!
»Na, mach schon«, ermuntert mich Herrchen, »ich will doch auch noch Krebse fotografieren, ich habe bloß noch keine entdeckt.«

Ich tue so, als verstünde ich ihn nicht und setze mich brav vor ihn hin.
»Paß auf, ich zeig dir, was ich meine, Billy«, erklärt mir Herrchen eifrig, während er seine Hosenbeine hochkrempelt. Dann rennt er los.

Das sieht vielleicht komisch aus: der Fotoapparat baumelt ihm um den Hals, die Arme flattern in der Luft und er stelzt wie ein fetter Storch im Salat durch das Wasser. Die Möwen schauen verwundert und fliegen mit einem erstaunten »Krah, krah« auf, um sich nach zwanzig Metern auf der nächsten Sandbank niederzulassen.
Mein Herrchen hinterher.

Doch plötzlich: »Aua, autsch, verflixte Kiste«, schreit er und hüpft wie Rumpelstilzchen auf dem linken Bein herum, während er das rechte weit von sich streckt und heftig schüttelt.
Ein kleiner Krebs hat ihn in die große Zehe gebissen und hält sich hartnäckig daran fest. Doch zum Fotografieren kommt Herrchen nun nicht mehr. Die Möwen sind davongeflogen, und der Krebs denkt nicht daran, den Zeh loszulassen.
Einige Spaziergänger, die vorbeikommen, bleiben verwundert stehen. Einer zückt sogar seinen Fotoapparat und macht ein Bild von ihm. Sie glauben wohl, mein Herrchen führt einen neuen Modetanz vor.
Über ihre verdutzten Gesichter muß ich schon wieder ein bißchen lachen, während Herrchen endlich den Krebs abschütteln kann und humpelnd aus dem Wasser kommt. Ich glaube, heute hat er keine Lust mehr zum Fotografieren!

Auf der Pirsch

Heute war ich auf der Pirsch und das kam so: Herrchens Vater Ernst ist Jäger und hat einen Jagdhund mit großen Schlappohren. Er ist grau mit braunen Flecken und heißt Donald. Wir mögen uns sehr und rennen oft um die Wette oder balgen uns um Stöcke, die Vater Ernst fortwirft. Es macht großen Spaß, mit Donald zu spielen.
Heute morgen kommen die beiden zu uns, und Herrchens Vater sagte: »Kalle, ich will zur Jagdhütte von den Heinleins fahren. Willst du mit Billy nicht mitkommen? Wir könnten zuerst auf die Pirsch gehen, dann zünftig vespern und in der Hütte übernachten.«
Ich finde es wunderbar, daß Herrchen zusagt. Er packt seinen Schlafsack und meinen Freßnapf ein, und dann brechen wir auf.
Nach einer Stunde Fahrt sind wir an der Jagdhütte

angelangt. Sie liegt am Waldrand und ist innen sehr gemütlich eingerichtet. Die Männer packen ihre Schlafsäcke aus, und Herrchens Vater sagt: »Kalle, jetzt wollen wir mal sehen, was Billy auf der Pirsch kann.« – Weiß der denn nicht, daß ich ein Wachhund und kein Jagdhund bin?
Im Wald beginnt Donald sofort, aufgeregt am Boden zu schnüffeln und an seiner Leine zu ziehen, während mich eigentlich eher die Bäume

interessieren und ob es da schon nach anderen Hunden riecht. Herrchens Vater neckt uns: »Billy hat wohl anstelle einer Spürnase eine Kartoffel im Gesicht?«

Herrchen wird ganz schön sauer und meckert mich an: »Nun such doch auch einmal eine Reh- oder Hasenfährte, Billy Backenzahn!« Ich strenge mich ein bißchen an, aber nach kurzer Zeit habe ich keine Lust mehr. So trabe ich zwei Stunden neben meinem muffeligen Herrchen durch den Wald und bin froh, als wir endlich wieder bei der Jagdhütte ankommen.

Es wird gegessen, und Donald und ich bekommen leckere Hundeflocken mit Fleischbrühe. Bald gehen die Männer zu Bett, und auch Donald schläft sofort ein.

Doch was ist das – war da nicht ein Geräusch? Als Wachhund bin ich natürlich sofort alarmiert, spitze die Ohren und belle.

Da wacht Vater Ernst auf, schlüpft schnell aus seinem Schlafsack und schleicht zum Fenster, um nachzusehen, was los ist.

»Mensch, Kalle«, ruft er dann nach hinten in den Raum, »dein Billy ist ja doch nicht so eine Flöte wie ich gedacht habe. Der hat prima aufgepaßt und gleich gemerkt, daß sich draußen etwas tut. Im Maisfeld sind nämlich einige Wildschweine und holen sich ihr Abendbrot. Billy ist zwar kein guter Spurenleser, aber dafür ein prima Wachhund!«
Über dieses Lob freue ich mich so sehr, daß ich lachen muß.

Lars und Susi

Heute habe ich unseren Nachbarn erschreckt, und das kam so:
Seit einem halben Jahr steht in unserem kleinen Tal mit den schönen großen Bäumen noch ein weiteres Haus. Darin wohnen Vater Wilfried und Mutter Uschi mit ihren Kindern Lars und Susi. Sie sind sehr nett und wir besuchen sie oft.
Auch heute wieder sind wir eingeladen. Während Wilfried und Herrchen den Grill anzünden und die Frauen den Tisch decken, machen Lars, Susi und ich Quatsch. Lars versteckt sich und Susi und ich müssen ihn suchen.
Lars ist ein pfiffiger Junge mit roten Haaren. Er versteckt sich in einer Holzkiste.
Mit meiner guten Nase spüre ich natürlich sofort sein Versteck auf, und Susi freut sich sehr, daß wir ihn gleich finden.

Danach spielen wir eine Weile Ballfangen. Und dann holt Lars seinen Propellervogel, der so schön durch die Luft fliegt und lustig dabei brummt, wie eine große dicke Hummel. Es macht Spaß, mit den beiden Nachbarskindern zu spielen.

Nach dem Essen trinken Uschi, Herrchen und Frauchen noch jeder eine Tasse Kaffee, während Vater Wilfried sich mit den Worten verabschiedet: »Ich ziehe mich zu einem kurzen Mittagsschläfchen zurück. Die ganze Woche muß ich um sechs Uhr früh aufstehen, da habe ich am Wochenende ein kleines Nickerchen verdient.«
Und die Kinder ermahnt er: »Macht nicht so einen Krach, während ich auf dem Sofa liege!«
Lars und Susi wollen mit mir Fangen spielen, denn am Tisch zu sitzen ist zu langweilig.
Wir rennen über die Wiese, und die Kinder kreischen vor Vergnügen. »Ruhe!« hören wir da aus dem Wohnzimmer die Stimme Wilfrieds. Etwas erschrocken setzen wir uns auf die Terrasse, und Lars wirft immer wieder einen Tennisball ins Gras, den ich ihm zurückbringe. Doch plötzlich werden wir von einem ungewohnten Geräusch gestört. Es kommt aus dem Wohnzimmer und klingt richtig gefährlich!
Leise schleichen die Kinder und ich ins Wohnzimmer. Und was sehen wir? Vater Wilfried liegt auf

dem Sofa und schnarcht und prustet, daß es eine wahre Pracht ist.
Lars zwinkert Susi und mir zu und verschwindet im Badezimmer. Kurze Zeit danach erscheint er mit einem Wattebausch, den er ganz vorsichtig über Wilfrieds Mund hält. Dann läßt er ihn los, und die Watte fliegt wie eine dicke Schneeflocke in die Luft.
Als sie langsam wieder nach unten sinkt, will ich sie fangen, und dabei stupse ich mit meiner kalten feuchten Nase dem Vater mitten ins Gesicht.
Wilfried wacht auf – und weil er noch etwas verschlafen ist, erschrickt er so über mich, daß er mit einem Satz von der Couch aufspringt. »Hilfe, ein schwarzer Zottelbär ist in unserem Wohnzimmer!« ruft er entsetzt.
Da müssen Lars, Susi und ich so lachen, daß Wilfried schließlich davon angesteckt wird und uns wegen der Ruhestörung nicht böse ist.

Ein Hammel namens Albert

Heute war mein Herrchen sehr froh, daß ich so mutig bin, und das kam so:

»Elfi, hast du auch das Geschenk für Sabine und Hansjörg hübsch eingepackt?« fragt Herrchen, während er Halsband und Leine vom Haken nimmt.

Da kommt auch schon Frauchen die Treppe herunter. Sie trägt ein Päckchen, um das eine große Stoffschleife gebunden ist.

»Billy, wir fahren zu Weitbrechts, die haben sich ein Bauernhaus auf dem Land gekauft mit einem großen Garten und vielen Apfelbäumen. Da kannst du herumtollen, während wir Kaffee trinken!« erklärt mir Herrchen.

Auf der Fahrt singen Herrchen und Frauchen lustige Lieder, und bald erreichen wir unser Ziel in Unterlenningen. Hansjörg und Sabine begrüßen uns freundlich und führen uns hinter das Haus.

»Komm, Kalle, ich zeig dir mal unsere neueste Errungenschaft«, sagt Hansjörg. »Das ist Albert!« Und er zeigt auf einen großen Hammel, der auf der eingezäunten Wiese mit den Apfelbäumen grast. Weiter unten entdecke ich zwei Schafe, die friedlich Gras knabbern.

»Albert ist ein ziemlich wildes Tier«, meint Hansjörg, »man muß höllisch aufpassen, wenn man Äpfel ernten will. Dann kommt er angriffslustig angerannt und will einen mit Kopfstößen aus seiner Wiese vertreiben.«
Herrchen entgegnet großspurig: »Laß man gut sein, Hansjörg, so schlimm wird es nicht sein, ich hole mir zu Kaffee und Kuchen noch einen schönen Apfel.«
Er greift sich die Leiter, die am Zaun lehnt, klettert über den Zaun und marschiert auf den nächsten Apfelbaum zu. Sorgfältig stellt er die Leiter gegen den Stamm und klettert hoch.

Albert hat ihn genau beobachtet, und sein Blick gefällt mir gar nicht. Wütend scharrt er mit dem Vorderfuß, fast wie ein Stier, und senkt den Kopf. Plötzlich ein wütendes »Määähh«, und Albert rast los, direkt auf den Apfelbaum zu, auf den Herrchen geklettert ist. In vollem Lauf rennt Albert mit seinem harten Schädel gegen die Leiter, die sofort umfällt. Herrchen kann sich gerade noch an einem dicken Ast festhalten und hängt nun ziemlich hilflos am Apfelbaum.

»Hilfe, Hansjörg, Billy, helft mir«, ruft er ängstlich, während der Ast bedenklich knirscht und knackt.
Mit einem Satz springe ich über den Zaun und stürme bellend auf Albert zu. Hansjörg folgt mir.

Vor so einem schwarzen Riesenschnauzer-Wachhund wie mir mit seinen gefährlich großen Zähnen, der bellend auf ihn zukommt, kriegt selbst Albert Angst. Er macht kehrt und rennt davon, geradewegs zu seinen beiden Schafdamen.
Hansjörg hebt die Leiter auf, stellt sie an den Baum und Herrchen klettert keuchend zu uns herunter.
»Das ist ja gerade noch mal gut gegangen«, meint er, als er wieder festen Boden unter den Füßen hat, und klopft sich leicht zitternd seine Hose ab.
Als alle am Kaffeetisch sitzen, den Sabine und Elfi inzwischen gedeckt haben, bittet Frauchen, die von dem ganzen Vorfall nichts bemerkt hat: »Kalle, bist du nachher so lieb und holst mir einen schönen Apfel vom Baum?«
Als ich Herrchens verdattertes Gesicht sehe, muß ich schon wieder ein bißchen lachen.

Der Kettenhund

Heute haben Herrchen und ich jemanden glücklich gemacht, und das kam so:

Jeden Mittag nach dem Essen gehen Herrchen und ich spazieren. Deshalb kann ich es meistens kaum erwarten, bis Herrchen endlich vom Tisch aufsteht, Leine und Halsband holt, mir einen Klaps gibt und die Haustür öffnet. »Heute gehen wir mal wieder am Aussiedlerhof vorbei«, sagt er, während er das Gartentürchen hinter uns schließt. Wir laufen auf einem schönen Grasweg Richtung Wald. Hier kann ich nach Herzenslust rumtollen, nach Mäusen schnüffeln und Maulwürfe ausbuddeln.

Bald sehen wir den Bauernhof am Waldrand. Er besteht aus einem Wohnhaus mit angebautem Stall, einer großen Scheune und einem Schuppen für den Traktor.

Je näher wir kommen, desto lauter hören wir aufgeregtes Hundegebell. Und plötzlich sehen wir ihn, den großen braunen Mischlingshund, der mit einer langen Kette an seiner Hütte festgebunden ist. Wild zerrt er an seiner Kette und verbellt uns, als wären wir seine schlimmsten Feinde. Immer wieder springt er auf uns los, als ob er uns zerfleischen wollte, und tut sich bestimmt sehr weh dabei, weil ihn die Kette jedesmal zurückreißt.

Herrchen spricht beruhigend auf ihn ein, doch es nützt nichts. Er geht ein paar Schritte auf den Hund zu, doch der wird nur noch wilder. Herrchen kramt in seiner Hosentasche und findet ein Stück Hundekuchen, das eigentlich für mich bestimmt war. Er wirft es dem Kettenhund zu, und zum erstenmal sehen wir ein leichtes Schwanzwedeln, während er gierig den Kuchen verschlingt.

»Ja mei«, sagt da plötzlich jemand hinter uns, »das schmeckt dem Harras aber.« Herrchen und ich drehen uns verblüfft um. Hinter uns steht die

Bäuerin. »Unser Hund ist eigentlich gar nicht so böse, wie es sich anhört. Er ärgert sich bloß, wenn er sieht, wie andere Hunde spazierengeführt werden und er muß den ganzen Tag an der Kette bleiben. Wir haben leider keine Zeit, mit ihm fortzugehen. Die viele Arbeit auf dem Feld, im Stall, im Garten und im Haus läßt das einfach nicht zu.«

Sie geht zur Hundehütte und löst die Kette vom Halsband. Sofort schießt Harras auf mich zu und begrüßt mich. Er ist eigentlich gar nicht so übel, denke ich, während wir uns beschnuppern.

Dann fordert Harras mich zum Spielen auf, und los geht die Jagd durch den Garten. Harras freut sich riesig, und schon sind wir auf der Wiese mit den Kirschbäumen. Es macht richtig Spaß, mit Harras zu balgen, da er genauso groß und stark ist

wie ich. Bei unserem wilden Geraufe haben wir keine Zeit, auf unsere Umgebung zu achten, und Herrchen muß ziemlich lange rufen, ehe ich ihn endlich bemerke: »Billy, jetzt ist es genug für heute, komm her!«
Da ich ein guterzogener Riesenschnauzer bin, gehorche ich meinem Herrchen. Auch Harras trabt wieder zu seiner Hütte zurück, aber er schaut sehr traurig aus. Herrchen nimmt mich an die Leine, gibt der Bäuerin die Hand, winkt Harras zu und verabschiedet sich mit den Worten: »Bis morgen, Frau Häfele.«

Am Waldrand angelangt, erzählt mir Herrchen eine tolle Neuigkeit. »Vielleicht gehen wir morgen zu dritt spazieren, Billy. Die Bäuerin spricht heute abend mit ihrem Mann, ob wir Harras ab und zu mitnehmen dürfen. Ich bin sicher, daß es klappt. Dann hast du einen Spielkameraden und ich muß nicht dauernd Stöckchen werfen, um dich zu beschäftigen.«
Über diese tolle Aussicht muß ich gleich wieder ein bißchen lachen. Ach, wenn es doch schon morgen wäre!

Die Nachtwanderung

Heute war es ganz schön gespenstisch, und das kam so:

Als es schon dunkel geworden ist, erscheint Herrchen mit seiner großen Stabtaschenlampe und dem gelben Anorak und sagt zu Frauchen: »Du, Elfi, laß uns doch einmal eine Nachtwanderung mit Billy machen. Das ist bestimmt aufregend, nachts im Wald spazierenzugehen!«
»Lieber nicht«, entgegnet Frauchen, »ich fürchte mich nachts im dunklen Wald.«
»Sei kein Frosch, Elfi. Billy und ich beschützen dich doch«, lacht Herrchen, und ich belle begeistert und hüpfe an ihr hoch.
»Na gut, ihr Plagegeister«, gibt sie schließlich nach und schlüpft auch in ihren gelben Anorak. Dann steigen wir ins Auto und fahren los.
Bald sind wir am Stadtforst angelangt, und Herr-

chen stellt das Auto auf dem Waldparkplatz ab. Mann, ist das finster, als die Scheinwerfer aus sind! Herrchen knipst die Taschenlampe an, während sich Frauchen bei ihm unterhakt. Wir gehen den Waldweg entlang in Richtung Spielplatz. »Ein bißchen unheimlich ist es schon«, flüstert Frauchen und schmiegt sich noch enger an Herrchen, während ich schnüffelnd voraustrabe.
Knacks . . . »Huch, was ist das, Kalle?« erschrickt Frauchen.

»Das war bestimmt Billy, der auf einen trockenen Zweig getreten ist«, beruhigt Herrchen sie.
Wir marschieren immer tiefer in den Wald hinein. Herrchen funzelt mit seiner Taschenlampe herum – er leuchtet an die Bäume, auf den Weg, oder einfach in den Himmel.
Auf einmal schreit jemand: »Schuhuuu, schuhuu!« »Kalle, ein Geist!« ruft Frauchen erschreckt. »Ich habe Angst!«
»Das war doch nur ein Waldkauz, Elfi«, beruhigt Herrchen sie.
Da es mir auf dem Weg zu langweilig ist, springe ich über den Graben und stöbere im Gebüsch am Wegrand nach interessanten Neuigkeiten.
»Billy, wo bist du?« höre ich da auch schon Herrchen rufen, als er mich nicht gleich entdeckt. Er leuchtet mit der Taschenlampe die Umgebung ab, findet mich aber nicht, weil ich in einem Busch herumschnüffle. »Heh, Billy, wo steckst du? Ich kann dich nicht sehen! Komm sofort her!«
Ich strecke meinen Kopf aus dem Busch, da trifft mich voll der Lichtkegel der Taschenlampe.

»Hilfe, ein wildes Ungeheuer mit glühenden Augen!« brüllt Herrchen.
»Mensch, Kalle, das ist doch unser Billy«, lacht Frauchen. »Du weißt doch, daß seine Augen nachts im Lichtschein funkeln, ähnlich wie bei einer Katze. Billy Backenzahn ist doch nun wirklich alles andere als ein garstiges Ungeheuer. Komm, laß uns zum Auto zurückgehen.«
Als Herrchen ziemlich kleinlaut kehrt macht, muß ich schon wieder ein bißchen lachen. Ich glaube, Herrchen macht so schnell keine Nachtwanderung mehr.

Die Wette

Heute habe ich eine Wette gewonnen, und das kam so:

Viermal im Jahr muß ich zum Hundefriseur, weil mein Fell zu lang wird. Na ja, ich geb ja zu, daß ich nicht gerne zum Trimmen gehe, so nennt man das Haareschneiden bei Hunden. Heute war es wieder einmal soweit.

Herrchen sagt zu Frauchen: »Elfi, unser Billy hat wieder so eine Wolle, daß er aussieht wie ein schwarzes Schaf. Ich bin der Meinung, er muß zum Trimmen. Frau Steul wird aus dem Wuschelbär wieder einen hübschen Riesenschnauzer machen, mit dem man unter die Leute gehen kann!«

Bei dem Gedanken an den Hundefriseur muß ich doch ein klein bißchen zittern. Herrchen bemerkt das natürlich wieder sofort. »Na, du Feigling«, neckt er mich, »hast wohl schon deine Fellhosen

voll, bevor es überhaupt losgeht? Ich wette mit dir, daß du heute auch wieder nicht aufhören kannst, beim Trimmen zu zittern. Wenn du es schaffst, lasse ich mir eine Glatze schneiden. Wenn nicht, darfst du 4 Wochen lang kein Loch im Garten buddeln. Okay?«
Das ist eine ganz schön harte Wette, aber wenn ich mir vorstelle – mein Herrchen mit Glatze . . .!

Als wir bei Frau Steul klingeln, beginnt sofort ein ohrenbetäubendes Gekläff. Sie hat drei Zwergschnauzerdamen, die es gar nicht mögen, wenn andere Hunde ins Haus kommen. Frau Steul öffnet die Tür, begrüßt Herrchen und mich, während Dixi, Daisy und Dolly mich angiften. Das ist mir doch zu blöd! Ich zeige ihnen die Zähne und belle sie energisch an, und schon sind die drei mit eingezogenen Stummelschwänzchen im Wohnzimmer verschwunden.

Herrchen ruft mich, und wir gehen in den Haarschneideraum.

Als Herrchen mich hochhebt und auf den Tisch stellt, wird mir doch ein bißchen mulmig, denn die elektrische Haarschneidemaschine ziept ganz schön. Doch als ich Herrchens überhebliches Grinsen sehe und höre, wie er zu Frau Steul sagt:

»Unser großer Wachhund fängt bestimmt gleich wieder an zu bibbern und zu zittern«, werde ich plötzlich ganz tapfer und mutig. So viel Frau Steul auch mit der Schneidemaschine an mir rumschnip-

pelt, am Kopf, am Rücken, am Bauch oder am Po, ich zittere nicht ein bißchen. Herrchens Gesicht wird immer länger, er hat schon längst aufgehört zu grinsen! Jetzt kommen Ohren und Pfoten dran. Sie werden mit der Schere behandelt. Ich reiße mich sehr zusammen, besonders bei den Vorderpfoten, weil ich die sonst immer wegziehe, wenn die Schere so gefährlich schnippt. Und nach zwanzig Minuten bin ich tatsächlich fertig.
»So, das wär's für heute, Billy Backenzahn«, sagt Frau Steul und gibt mir einen Klaps. Das Gesicht von Herrchen ist wirklich sehenswert. Aber er sagt keinen Ton und bezahlt schnell.
Auf dem Nachhauseweg ist er sehr kleinlaut. »Also, hör mal zu, Billy, wenn ich mit einer Glatze rumlaufe, lachen ja nicht nur die Leute, sondern bestimmt sogar die Hühner. Ich mach dir einen Vorschlag: ganz kurze Haare bei mir und zwei große Bockwürste für dich, einverstanden?«
Da kann ich natürlich nicht widerstehen, schließlich sind Würste für mich viel besser als eine Glatze für Herrchen! Und bei der nächsten Metz-

gerei macht Herrchen sein Versprechen war. Während ich vor dem Laden auf ihn warte, muß ich schon wieder lachen, als ich durch die Scheibe sein erleichtertes Gesicht sehe.

Vaterstolz

Heute bin ich sehr stolz und glücklich, und das kam so:

Morgens, so gegen zehn Uhr, klingelt das Telefon.

Herrchen geht ran, und ich höre ihn sagen: »Toll, das ist ja wunderbar, wir kommen in einer Stunde! Da wird Billy aber staunen. Ja, natürlich kommt meine Frau auch mit. Also bis dann, Tschüß!«

Neugierig schaue ich mein Herrchen an, aber der verrät gar nichts, nimmt nur Kamm und Bürste und striegelt mich, als ob es zu einer Hundeausstellung ginge.

Als er endlich damit fertig ist, holt er Frauchen und erklärt ihr, während wir ins Auto steigen: »Frau Möpsle hat angerufen und gesagt, daß wir gegen elf Uhr vorbeikommen und uns . . . na ja, du weißt schon, anschauen können.«

Wenn mein Herrchen nur nicht so geheimnisvoll

tun würde! Frauchen verrät auch nichts, sondern zwinkert mir nur zu. Ich weiß, daß Frau Möpsle eine Riesenschnauzerdame mit Namen Alfi hat, die meine Freundin ist und die ich sehr mag.
Wir fahren los und erreichen Markdorf nach zwanzig Minuten. Das Haus von Frau Möpsle ist mit einer dichten Hecke umgeben, so daß man nicht hineinsehen kann. Doch was höre ich da? Ein Quieken und Fiepsen, ein Jiffen und Maunzen. Hat Alfi Besuch von kleinen Katzen oder Äffchen?
Frau Möpsle öffnet das Gartentor, und ich glaube, mich trifft der Schlag: sechs kleine Billy Backenzähne kommen mir entgegen, während Alfi zufrieden in ihrem Korb auf der Terrasse liegt.
»Herzlichen Glückwunsch, Vater Billy Backenzahn!« gratuliert mir Herrchen, während Frauchen mir liebevoll den Kopf krault. Ich bin sprachlos und nach einer Weile unheimlich stolz. Ich, Billy Backenzahn, bin Papa von drei Hundejungs und drei Hundemädchen geworden.
Wie munter die sind und mich stürmisch begrü-

ßen! Ich lege mich auf den Rasen und sofort krabbeln und turnen sie auf mir herum.

»Frau Möpsle, wie heißen denn die kleinen Rakker?« fragt Herrchen. »Also, der da ist Batzi, das Bulli, die rechts heißt Bini, das hier ist Brina, daneben ist Banni und der kleine, der dicke ist Billy II.«
Ich bin ganz gerührt. Frau Möpsle fährt fort: »Sie sind alle quicklebendig und kerngesund. Aber etwas finde ich eigenartig, manchmal habe ich das Gefühl, daß sie alle lachen können!«

»Das haben sie von ihrem Vater, Billy Backenzahn, geerbt«, erklärt Herrchen stolz und lacht vergnügt.

Als Frauchen und Frau Möpsle auch noch anfangen zu lachen, kann ich nicht mehr anders, ich lache kräftig mit. Batzi, Bulli, Bini, Brina, Banni und Billy II verziehen ihre kleinen Mäulchen, und es sieht tatsächlich aus, als würden sie alle auch lachen!

Wenn ihr demnächst irgendwo einem Riesenschnauzer begegnet, der euch anlacht, dann ist es entweder Batzi oder Bulli oder Bini oder Brina oder Banni oder Billy II.

Vielleicht ist es aber auch ...

euer Billy Backenzahn.